¡No funciona!

Janine Amos   Ilustraciones de Annabel Spenceley
Consultora Rachael Underwood

Gareth Stevens Publishing
A WORLD ALMANAC EDUCATION GROUP COMPANY

Please visit our web site at: www.garethstevens.com
For a free color catalog describing Gareth Stevens Publishing's
list of high-quality books and multimedia programs, call
1-800-542-2595 (USA) or 1-800-387-3178 (Canada).
Gareth Stevens Publishing's fax: (414) 332-3567.

Library of Congress Cataloging-in-Publication Data available upon request
from publisher. Fax (414) 336-0157 for the attention of the Publishing
Records Department.

ISBN 0-8368-3680-4 (lib. bdg.)
ISBN 0-8368-3694-4 (softcover)

This edition first published in 2003 by
Gareth Stevens Publishing
A World Almanac Education Group Company
330 West Olive Street, Suite 100
Milwaukee, Wisconsin 53212 USA

Series editor: Dorothy L. Gibbs
Graphic designer: Katherine A. Goedheer
Cover design: Joel Bucaro
Translators: Colleen Coffey and Consuelo Carrillo

This edition © 2003 by Gareth Stevens, Inc. First published by Cherrytree Press,
a subsidiary of Evans Brothers Limited. © 1999 by Cherrytree (a member of the
Evans Group of Publishers), 2A Portman Mansions, Chiltern Street, London
W1U 6NR, United Kingdom. This U.S. edition published under license from
Evans Brothers Limited. Additional end matter © 2003 by Gareth Stevens, Inc.

Printed in the United States of America

1 2 3 4 5 6 7 8 9 07 06 05 04 03

Una nota a los padres y a los educadores

Pueden utilizar las preguntas que aparecen en **negrita** para iniciar
un debate con sus hijos o con la clase. Animen a los niños a pensar
en posibles respuestas antes de continuar con la lectura.

El castillo de arena

Jacob está en la playa con su abuelito.
Va a construir un castillo de arena.

Jacob llena su cubo de
arena y la aplasta fuertemente.

5

Cuando Jacob da la vuelta
al cubo, la arena se sale.

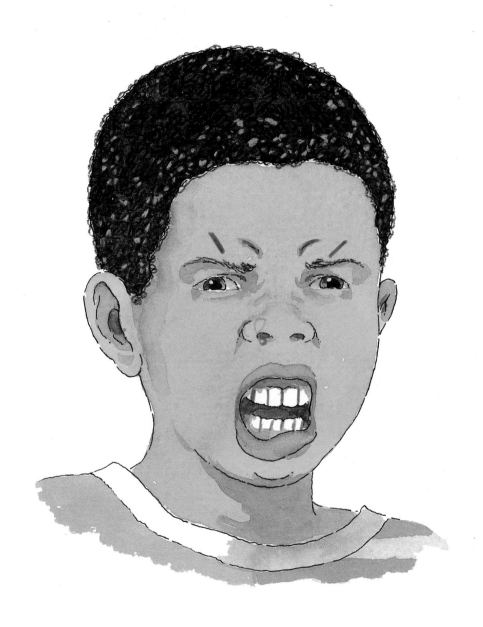

"¡No funciona!", grita Jacob.

Jacob da patadas y empieza a llorar.

Su abuelito lo oye.
"Pareces muy enojado, Jacob", dice el abuelito.

9

Jacob llora aún más fuerte.

"¡No puedo hacerlo!" ,él solloza.
¿Cómo crees que se siente Jacob?

11

"Tienes dificultades para construir un castillo
con esta arena, ¿no?", pregunta el abuelito.

"Sí", dice Jacob, "sigue saliéndose del cubo."

"¿Qué vas a hacer?", pregunta el abuelito.
¿Qué crees que Jacob puede hacer?

14

Jacob mira la arena. Luego mira al mar.
"¡Mojaré más la arena!", dice Jacob.

15

Jacob mezcla el agua con la arena.

Se pregunta si funcionará ahora.

"¡Lo hice!", dice Jacob. "¡Funciona!"
¿Cómo crees que se siente Jacob ahora?

18

El juego de las canicas

Alice está jugando con las canicas.
Está armando las piezas del juego.

Ella ha terminado la última torre.
Ahora puede hacer que la canica ruede.

¡Tan! La canica cae directamente
a la base de la torre.

¿Cómo crees que se siente Alice?

¡No funciona! piensa Alice.
Ella mira más atentamente el juego.

¿Qué crees que puede hacer?

Alice mira cuidadosamente cada
una de las partes del juego.

"¡Sí!", dice Alice. "¡Aquí está el problema!"

Alice se da cuenta de que no armó bien el juego.
Ella acomoda una de las piezas.

Ella trata de ver si funciona el juego otra vez.

Ahora la canica rueda hacia
atrás y hacia adelante en la pista.

¿Cómo crees que se siente Alice?

31

A veces las cosas no funcionan de la manera que queremos, y nos sentimos frustrados y hasta enfadados. Cuando algo no te funcione, respira profundo y repítete a tí mismo que sí puedes hacerlo. Mira el problema otra vez y trata de resolverlo. Si estás muy disgustado, habla con alguien.

Más libros para leer.

I Can Do It! Kids Talk About Courage.
Nancy Loewen (Picture Window Books)

I'm Frustrated. Elizabeth Crary (Parenting Press)

Success. Susan Riley (Child's World)